Richard Deiss

Rübezahl und Karpfenjule

77

Denkmäler zu fiktiven Figuren

Impressum

Autor:	Richard Deiss
Fotografien:	Richard Deiss/siehe Quellennachweis
Cover:	Richard Deiss

Kontakt: richard.deiss@gmail.com

Herstellung und Verlag: BoD - Books on Demand,
                         Norderstedt, Printed in Germany

ISBN: 978-3-756-852-321

Zweite Auflage 2023, Originalausgabe

Bibliografische Information der Deutschen Nationalbibliothek
Die Deutsche Nationalbibliothek verzeichnet diese Publikation in der Deutschen Nationalbibliografie; detaillierte bibliografische Daten sind im Internet über http://dnb.d-nb.de abrufbar

Inhaltsverzeichnis

Vorwort

Ich bin ein Städte-Vielreisender und habe in Deutschland bereits mehr als 1000 Städte besucht und im restlichen Europa 1000 weitere Städte. Bei manchen dieser Städtebesuchen stieß ich auf interessante Bronzefiguren und andere Personendenkmäler.

Im Sommer 2022 fasste ich den Beschluss, die 77 interessantesten Bronzestatuen in einem kleinen Taschenbuch aufzulisten. Das wäre jedoch eine etwas beliebige Sammlung geworden und so entschied ich, es thematisch weiter einzugrenzen. Es hatten sich auch etliche Denkmäler für städtische Originale angesammelt und so beschloss ich, ein Bändchen nur zu diesen Originalen zu publizieren, welches dann im Oktober erschien. Im Laufe der Zeit sammelten sich weitere Originale an und so beschloss ich, das Buch weiter einzugrenzen, fiktive Figuren rauszunehmen und dazu einen eigenen Band zu publizieren. Im November 2022 unternahm ich dann weitere Reisen, um Lücken zu schließen und eine ausreichende Zahl von Denkmälern für ein kleines Büchlein zusammenzubringen. Nach dem Besuch weiterer Denkmäler Anfang 2023 konnte ich die Sammlung in der Neuauflage etwas ergänzen.

Ich freue mich, wenn das Buch interessierte LeserInnen findet, die es lehrreich und unterhaltsam finden. Rückmeldungen und Kommentare sind willkommen. Vielleicht werden LeserInnen auch angeregt, die eine oder andere Figur selbst in Augenschein zu nehmen.

Viel Spaß beim Lesen und dem Betrachten der Denkmäler.

Wuppertal, im Dezember
Richard Deiss

Vorwort zur 2. Auflage

Bei weiteren Reisen nach der ersten Auflage habe ich mittlerweile zusätzliche Denkmäler für fiktive Personen besucht.

Diese sollen in der Neuauflage berücksichtigt werden. Da ein Buch zu Komikern und Kabarettisten geplant ist, habe ich entsprechend auch einzelne Denkmäler der ersten Auflage entfernt, so Hasenraths Will und das Knollennasenmännchen. In der zweiten Auflage zudem nicht enthalten ist das Hänneschen in Köln, zu welchem es keine konkrete Geschichte gibt.

Neu aufgenommen wurden neun Figuren:

- **Brückenmännchen/Brückenweibchen** (Bonn)
- **Entaklemmer** (Stuttgart)
- **Käthchen von Heilbronn** (Heilbronn)
- **Knulp** (Calw)
- **Lohmännken** (Haltern)
- **Simplicissimus** (Lippstadt)
- **Wüste Urschel** (Nagold)
- **Passe Muraille** (Paris)

Zu Baden-Württemberg, wo ich im Dezember 2022 und Januar 2023 unterwegs war, sind also gleich vier (literarische Figuren) hinzugekommen. Der Entaklemmer dabei als Symbolfigur für den geizigen Schwaben, die wüste Urschel eine Legende und Symbolfigur der Stadt Nagold, Knulp und das Käthchen literarische Figuren, verbunden mit der jeweiligen Stadt.

1. Berlin

In so einer großen Stadt wie Berlin gibt es zahlreiche Denkmäler, darunter auch einige für fiktive Figuren. Die einst berühmteste, heute nur noch wenig bekannte Berlin-Allegorie **Berolina** ist jedoch eigentlich nicht mehr darunter. Auf dem Alexanderplatz stand seit 1895 eine von Emil Hundrieser (1846-1911) geschaffene riesige Statue der Berolina, einer Personifikation von Berlin. 1942 wurde sie abgebaut und zu Kriegszwecken eingeschmolzen. Seit der Wende gibt es Initiativen, die Berolina wieder in historischer Gestalt auf dem Alexanderplatz aufstellen zu lassen. Die Skulptur wird in Berlin jedoch nicht unbedingt vermisst.

Tanzende Berolina

Im Jahre 2004 wurde am Hausvogteiplatz die vom Bildhauerstudenten Axel Anklam entworfene Drahtgeflecht-Figur *tanzende Berolina* aufgestellt.

Bildhauer: Axel Anklam (1971-2022), Edelstahlgeflecht, 2004
Standort: Hausvogteiplatz

Altberliner Blumenfrau und Schusterjunge

Zu DDR-Zeiten wurden, anders als im Westen, eigentlich keine Skulpturen für lokale Originale aufgestellt. Im wieder aufgebauten Nikolaiviertel, welches gemütlich und historisch erscheinen sollte, machte man jedoch eine Ausnahme, mit gleich drei dargestellten Personen, mit allerdings einwandfreiem proletarischem Hintergrund. Die Bronzefiguren befinden sich unter einem Wegweiser am Eingang des Viertels in Berlin: Das Berliner Original **Eckensteher Nante** (Ferdinand Stumpf, ein Berliner Dienstmann, der in der Innenstadt seinen Standort hatte und dort auf Gelegenheitsarbeit wartete) eine **Altberliner Blumenfrau** und ein **Berliner Schusterjunge**.

Bildhauer: Gerhard Thieme (1928-2018), Bronze, 1987
Standort: Nikolaiviertel, zum Nussbaum

Sieben Schwaben

Die Abenteuer der *Sieben Schwaben* wurden vor allem durch **Ludwig Auerbach**s Volksbüchlein (1827) bekannt. Sie finden sich teilweise aber auch in den Märchensammlungen der Gebrüder Grimm und in Ludwig Bechsteins Märchenbuch. Die Sieben stehen für verschiedene Charaktertypen, verhalten sich insgesamt aber eher tölpelhaft. Vielleicht ist das der Grund, weshalb es im Schwäbischen gar kein Sieben-Schwaben-Denkmal gibt. In Berlin dagegen, wo die Schwaben im Prenzlauer Berg angeblich nicht so beliebt sind, u.a. weil sie, wie Thierse einst kritisierte, Wecken statt Schrippen sagen, gibt es sogar zwei Sieben Schwaben-Denkmäler - eines im Westen und eines im Osten.

Bildhauer: Hans-Georg Damm, Edelstahlblech, 1978
Standort: Fehrbelliner Platz, Ostseite, Mittelstreifen

Rübezahl

Rübezahl, der Berggeist des Riesengebirges, wurde in Deutschland durch die Geschichten von **Johann Karl August Musäus** (1735-1787) bekannt. Am Märchenbrunnen in Berlin-Friedrichshain findet sich auch diese wichtige Märchenfigur.

Bildhauer: Original Georg Wrba (1872-1939), 1913, Erneuerung: Till Peter Otto (*1975), Naturstein, 2007
Standort: Am Friedrichshain, neben dem Märchenbrunnen

Karpfenjule

Im Jahre 1996 wurde am Rathaus des Berliner Bezirkes Köpenick für das berühmte Berliner Original, den Hauptmann von Köpenick ein Bronzedenkmal aufgestellt. Da merkte man im Nachbarbezirk Treptow, dass dort sowas fehlte. Also erfand man eine zu Treptow mit seiner Fischereitradition passende Figur, die fröhliche Fischverkäuferin *Karpfenjule*. Zusammen mit dem Bildhauer Peter Dietzsch entwarf Ursula Eichelberger die Figur und sie stand auch dafür Modell. Sie dichtete sogar ein Lied zur Karpfenjule. Die Karpfenjule steht seither vor dem Treptower Rathaus. Als die beiden Bezirke im Jahre 2001 vereinigt wurden, gab es nun 2 Bronzestatuen für Originale vor Rathäusern des neuen Bezirkes.

Bildhauer: Peter Dietzsch (1933-2018), Bronze, 1998
Standort: Neue Krugallee 2-6

2. Hamburg und Schleswig-Holstein

Hamburg

Hammonia

Hammonia ist eine neulateinische Bezeichnung für Hamburg. Als Frauenfigur repräsentiert Hammonia die Hansestadt, wird als solche jedoch wenig für die Corporate Identity der Stadt genutzt. Seit 2003 steht auf der Brooksbrücke, die zur Hamburger Speicherstadt führt, die gekrönte, eher einfach ausgestaltete Figur der Hammonia. Gegenüber stand einst die Germania, heute jedoch, den internationalen Ambitionen Hamburgs entsprechend, Europa.

Bildhauer: Jörg Plickat (*1954), Bronze, 2003
Standort: Brooksbrücke

Klein-Erna

Die Bildhauerin Vera Möller (1911-1998) hörte ab 1938 die Hamburger *Klein-Erna*-Geschichten, schrieb sie auf und publizierte diese. Als sie 1998 starb und auf dem Nienstedter Friedhof bestattet wurde, stellte man eine (vermutlich von ihr geschaffene) Klein-Erna Bronzeplastik ans Grab.

Bildhauerin: Vera Möller (?), Bronze
Standort: Friedhof von Nienstedten

Dumm Hans

Der Ostholsteiner **Wilhelm Wisser**
war Gymnasialprofessor, Märchen- und Mundartforscher und hielt
die zuvor nur mündlich weitergegebenen Streiche des **Dumm
Hans,** wohl ein Gefährte Eulenspiegels, in der Sammlung `Wat
Grotmoder vertellt'* (1904-1909) schriftlich fest. 1990 wurde in
Eutin für den Dumm Hans eine Statue aufgestellt. An der Bronzestatue ist auf einer Tafel zu lesen: DUMM HANS. *De plietsche
Buurjung ut Wissers Geschichten.* **Wilhelm Wisser `Der Märchen-
professor', 1843-1935.**
Plietsch ist das norddeutsche Wort für *schlau,* der vermeintlich
dumme Hans, erweist sich letztlich als schlau.

Bildhauer: Karlheinz Goedtke (1915-1995), Bronze, 1990
Standort: Am Rosengarten 99

14

3. Niedersachsen und Bremen

Bremen

Mann mit Einkaufswagen

Bremen ist die Stadt der Skulpturen und wo man aus Nichts noch etwas macht. Im Mai 2020 stellte ein unbekannter Künstler in einer Guerilla-Kunstaktion eine Bronzefigur mit Einkaufswagen in den Bremer Wallanlagen auf. Die Stadt erkannte die künstlerische Qualität der Arbeit und sorgte für eine offizielle Aufstellung, ebenfalls in den Wallanlagen. Geht man heute vom Hauptbahnhof in die Innenstadt, wird man linkerhand der markanten Skulptur gewahr. Kein Bremer Original aber als Aktion original Bremen.

Bildhauer: Unbekannter Bildhauer, Bronze, 2020
Standort: Wallanlage am Herdentor

Roland

Der Ritter Roland ist ein Symbol bürgerlicher Freiheit. Rolandstatuen stehen in mehr als 30 Städten, vor allem im Norden Deutschlands. Die berühmteste Rolandstatue steht auf dem Bremer Marktplatz. Der Bremer Roland ist 5.5 m hoch und wird von einem steinernen Baldachin überragt. Er trägt Rüstung und Schwert und hat ein Schild umgehängt, welches einen Doppeladler zeigt, Symbole der Reichsunmittelbarkeit (kein weiterer Herrscher zwischen Kaiser und Stadt) und der Gerichtsbarkeit. Das Gitter, welches Roland umgibt, wurde im 20. Jahrhundert rekonstruiert.

Steinmetz: Claus Zeelleyher und Jacob Olde, Stein, 1404
Standort: Marktplatz

Bodenwerder

Münchhausen

Hieronymus Carl Friedrich Freiherr von Münchhausen wurde 1720 in Bodenwerder geboren und starb dort 1797. *Die wundersamen Geschichten von Baron Münchhausen* werden ihm zugeschrieben. Die Stadt kaufte 1936 sein Geburtshaus, machte es zum Rathaus, ein Nebengebäude zu einem Münchhausen-Museum und stellte im umgebenden Park Figuren auf, die Szenen von Münchhausenge-schichten nachstellen. Dazu gehört das halbierte Pferd, welches als Teil eines Brunnens am Münchhausenhaus zu sehen ist.

Bildhauer Bruno Schmitz, Bronze, 1963
Standort: Münchhausenplatz 1

Geldlotte

2012 spendierte die Kreissparkasse Bersenbrück die Bronzestatue der fiktiven Figur **Geldlotte**, welche vor dem Sparkassengebäude von Bramsche aufgestellt wurde. In der Hand hält sie ein paar Bronzemünzen. Passanten legen immer wieder echte Euromünzen hinzu.

Bildh.: Annette Wittkamp-Fröhling (1946-2021), Bronze, 2012
Standort: Große Str. 22

Hildesheim

Huckup

Der Huckup ist ein Kobold, der Dieben auf den Rücken springt und sie als schlechtes Gewissen plagt. In Hildesheim macht er dies mit einem Apfeldieb. Am Denkmal ist im lokalen Platt zu lesen:

Junge, lat dei Appels stahn,
Suß packet deck dei Huckup an.
Dei Huckup is en starken Wicht,
Hölt mit dei Stehldeifs bös Gericht.

Bildhauer: Carl Röder (1854-1922), Bronze, 1905
Standort: Hoher Weg, Einmündung in Schuhstraße

Gänseliesel

Die Figur der Gänseliesel auf dem gleichnamigen Göttinger Brunnen vor dem Alten Rathaus wird in dieser traditionellen Studentenstadt stark in Studentenrituale einbezogen. Einst bestiegen die Studenten nach der Immatrikulation den Brunnen, um die Gänseliesel zu küssen. 1926 wurde das verboten, das Küssen ging jedoch weiter. Zum 100. Geburtstag der Figur wurde das Verbot im Jahr 2001 offiziell aufgehoben. Schon lange waren es kaum mehr Studenten, sondern vor allem Doktoranden, die nach erfolgreicher Prüfung den Brauch pflegten und der Gänseliesel dabei auch noch einen Strauß Blumen überreichten. Da die Figur durch die Studentenbräuche litt, wurde sie 1990 durch eine Kopie ersetzt, die selbst immer wieder restauriert werden muss.

Bildhauer: Paul Nisse (1869-1949), Bronze, 1901
Standort: vor dem Alten Rathaus

Teelke

Das ostfriesische Leer ist eine Teetrinkerstadt und dort sitzt auch das traditionsreiche Teehandelshaus *Bünting*. Dieses stiftete der Stadt und den Bürgern die Statue der Teebotschafterin *Teelke*, welche 1991 an der Kreuzung vor dem Teehandelshaus aufgestellt wurde.

Bildhauer: Karl Ludwig Böke (1927-1996), Bronze, 1991
Standort: Ecke Mühlenstr/Brunnenstr.

Marienhafe

Störtebeker

Bei Klaus Störtebeker handelt es sich vermutlich um eine legendäre Gestalt, die jedoch reale Vorbilder hatte. Störtebeker soll ein Seeräuber und der Anführer der Vitalienbrüder gewesen und 1401 von einem Scharfrichter in Hamburg enthauptet worden sein. Der Bürgermeister soll allen verurteilten Männern, an denen Störtebeker nach seiner Enthauptung vorbeiginge, das Leben versprochen haben. Der Geköpfte schaffte es noch, an 11 Männern vorbeizugehen, bis der Henker ihm einen Richtblock vor die Füße warf.

Bildhauer: Karl Ludwig Böke (1927-1996), Bronze, 1992
Standort: Rosenstr. 17

4. Nordrhein-Westfalen

Nordrhein-Westfalen ist das Bundesland, in welchem es die meisten Denkmäler für städtische Originale gibt. Und wo es, wie zum Beispiel in Aachen oder Düsseldorf, nur wenige oder keine echten Originale gibt, finden sich etliche fiktive Personen, welche für das Selbstverständnis und die Geschichte der Stadt wichtig sind und Denkmäler erhalten haben.

Schmied mit Knabe, Düsseldorf
Bildhauer: Joseph Hammerschmidt, Bronze, 1901
Standort: Martin-Luther-Platz (Justizministerium)

Aachen

Der wehrhafte Schmied

In der Nacht vom 16. auf den 17. März 1278 ritt Graf Wilhelm IV. von Jülich mit drei Söhnen und 468 bewaffneten Reitern in Aachen ein, um für den König Rudolf I. Steuern einzutreiben und die Stadt in Besitz zu nehmen. Er ging davon aus, dass er in der Stadt viele Unterstützer hätte und gab den Schlachtruf *Iulia nostra domina* (Jülich ist unsere Herrin) aus. Doch die Unterstützer gab es gar nicht. Stattdessen läuteten die Aachener die Sturmglocken, riefen die Bürger zu den Waffen und diese stürzten sich in den Kampf. Aus den Fenstern bewarfen Frauen und Kinder die Eindringlinge mit Steinen. Als die Lage immer aussichtsloser wurde, versuchte der Graf über die Jakobstraße zu fliehen. Dort stellte sich ihnen ein hünenhafter Aachener Schmied in den Weg und schlug den Grafen und seine Söhne mit einer Eisenstange vom Pferd. Diese wurden dann, auf dem Boden liegend, von den Aachenern getötet.

Bildhauerin: Carl Burger (1875-1950), Bronze, 1909
Standort: Jakobstraße/Ecke Klappergasse

Bauersfrau und Teufel

Weil der Teufel einst nicht die Seele des ersten Aachener Dombesuchers bekommen hatte, schwor er Rache. Er füllte einen riesigen Sack mit Sand, lud ihn auf seine Schulter und wollte darunter Aachen begraben. Nach langer beschwerlicher Wanderung traf er ein altes Weib und fragte sie, wie lange es noch bis Aachen sei. Diese hatte seinen Pferdefuß gesehen und antwortete schlau: diese Schuhe hatte ich heute neu in Aachen gekauft und nun sind sie vom weiten Weg schon zerschlissen. Da fluchte der Teufel und warf wütend seinen Sack auf den Boden, so dass er platzte. So entstand der Aachener Lousberg. Die Statue des Teufels hatte ursprünglich an jeder Hand einen Daumen. Nach der Sage hatte der Teufel einst jedoch einen Finger verloren, als er die Wolfstüre des Aachener Doms aus Wut mit Gewalt zugeschlagen hatte und ein Finger hängengeblieben war. Von Unbekannten wurde eines nachts der Figur ein Daumen abgesägt. Die Bildhauerin erkannte ihren historischen Irrtum und verschloss die Schnittstelle.

Bildhauerin: Krista Löneke-Kemmerling, Bronze, 1985
Standort: Lousberg

Türelüre Lißje

Türelüre-Lißje (Lieschen) ist eine legendäre Aachener Figur und Protagonistin des Aachener Liedes *Türelüre Liesche uus Klapperjaaß*. In einer Erzählung wird sie von sie umringenden Jungen davon abgehalten, ihr Geschäft zu machen, bis es zu spät ist. Diese Szene ist auf einem Brunnen der Aachener Klappergasse zu sehen.

Bildhauerin: Hubert Löneke (1926-2011), Granit/Bronze, 1967
Standort: Klappergasse

Bonn

Brückenmännchen/Brückenweibchen

1898 wurde die Rheinbrücke zwischen Bonn und Beuel fertigge-
stellt. Da die Bonner die Brücke im Wesentlichen bezahlten, brach-
ten sie auf Bonner Seite ein Brückenmännchen an, das den Beue-
lern den Hintern zeigt (nach Beschädigungen 2008 durch eine
Nachbildung am Beueler Ufer ersetzt). Auf einer Tafel ist zu lesen:

Am Brückentor auf der alten Rheinbrücke gen Beuel gewandt,
dies kleine Männchen sein Plätzchen fand. Zum Trotz der Beueler rief es ganz
laut: Bonn hat die Brücke fast ganz alleine gebaut.

Im Wäschereistandort Beuel antwortete man am dortigen Ufer mit
einer Beueler Waschfrau, die einen Pantoffel in der Hand hält und
grimmig nach Bonn schaut. Auf einer Tafel ist zu lesen:
De Welt es e Lake, dat selvs de Beueler net wäsche könne.
Heute sind Bonn und Beuel vereint und beide Figuren schauen
vom Beueler Rheinufer aus auf die Bonner Innenstadt.

Steinmetz: Michael Naundorf, Stein, Nachbildung 2008,
Infotafel: Sigrid Wenzel, (*1934)
Standort: Rheinuferpromenade Beuel

27

Detmold

Hermannsdenkmal

Das Hermannsdenkmal ist dem Cheruskerfürsten Arminius gewidmet, der den Römern in der Varusschlacht (im Jahr 9 nach Christus) am Teutoburger Wald eine verheerende Niederlage beibrachte. Als **Hermann der Cherusker** wurde er ab der 2. Hälfte des 18. Jahrhunderts zur deutschen Symbolfigur. Als der Nationalismus im 19. Jahrhundert wuchs, beschloss man, eine Kolossalstatue für diesen `ersten Deutschen´ zu errichten. Das Denkmal wurde 1838-1875 erbaut. Die Figur ist 26.6 m hoch, das Gesamtdenkmal 53.5 m. Es ist damit die höchste Statue Deutschlands und war 1875 bis 1886, als die Freiheitsstatue in New York errichtet wurde, die höchste Statue der westlichen Welt.

Bildhauer: Ernst von Bandel (1800-1876), Unterbau: Sandstein, Figur: Eisenrohrkonstruktion beschichtet mit Kupferplatten, 1875
Standort: Hügel bei Detmold-Hiddesen

Schneider Wibbel

In Düsseldorf gibt es eine Schneider-Wibbel-Gasse, ein Schneider-Wibbel-Haus und eine Wibbel-Skulptur. **Schneider Wibbel** ist ein Theaterstück von **Hans Müller-Schlösser** (1884-1956), welches 1913 erstmals in Düsseldorf aufgeführt wurde.

Die Geschichte geht auf eine wahre Begebenheit in Berlin zurück: Ein Bäckermeister lieferte sich im Rausch eine Messerstecherei und war zu einer Gefängnisstrafe verurteilt worden. Er überredete seinen Gesellen, an seiner statt die Strafe abzusitzen, doch dieser starb im Gefängnis. Nun galt der Bäcker als tot. Als der König davon erfuhr, begnadete er den Bäcker. In Müller-Schlössers Stück wird aus dem Bäcker ein Schneider und aus der Messerstecherei eine Beleidigung Napoleons zur Zeit der französischen Besatzung.

Bildhauer: Kurt Räder (1930-2018), Bronze, 1971
Standort: Schneider-Wibbel-Gasse 9

Giesserjunge

Der große Kurfürst Jan Wellem (1658-1716) beauftragte einst den flämischen Bildhauer Gabriel Grupello (1644-1730) ein großes Denkmal für ihn zu fertigen. Dieses steht heute auf dem Düsseldorfer Marktplatz. Doch beim ersten Guss zerbrach das Standbild. Beim zweiten Versuch wurde das Material knapp. Sein Lehrling, der Gießerjunge, soll nun, ohne ihn zu fragen, zu den Düsseldorfer Bürgern gelaufen sein und um Silber gebeten haben. Diese gaben, was sie hatten, vom Besteck bis zum Kerzenleuchter. Er warf es in die Schmelze und endlich gelang das Reiterstandbild. Weil der Gießerjunge die Herstellung des Denkmals gerettet hatte, bekam er schließlich 1932 sein eigenes Denkmal. Dieses stand einst auf dem Dach des Grupello-Hauses, stürzte jedoch im Bombenkrieg herunter und wurde neu geschaffen und auf dem Marktplatz aufgestellt.

Bildhauer: Willi Honselmann, Bronze, 1932
Standort: Düsseldorfer Marktplatz (Südwestecke)

Hoppeditz

Der Hoppeditz ist eine Narrenfigur des Düsseldorfer Karnevals. Jedes Jahr am 11.11. wird er um 11 Uhr 11 am Reiterstandbild auf dem Düsseldorfer Marktplatz mit einer Eröffnungsrede eines renommierten Karnevalisten zum Leben erweckt. Am Aschermittwoch wird er dann als Puppe unter großem Wehklagen eingeäschert und zu Grabe getragen. 1841-1860 gab es ein erstes Hoppeditz-Denkmal am Carlsplatz (damals Hoppedizplatz). Seit 2008 gibt es hinter dem Haus des Karnevals ein neues Denkmal. Typisch für den Bildhauer Gerresheim ist es handwerklich gut, aber etwas überladen in seinem Symbolik-Detailreichtum.

Bildhauer: Bert Gerresheim (*1935), Bronze, 2008
Standort: Hinter dem Haus des Karnevals, Zollstr. 9

Duisburg

Schimanski (Götz George)

Der Berliner Schauspieler Götz George (1938-2016) spielte von 1981-2013 den Duisburger Kommissar Schimanski, von 1981-1991 im Rahme der ARD-Fernsehreihe Tatort, von 1997-2013 im Rahmen der eigenständigen Krimiserie Schimanski. Schimanski war der beliebteste aller Tatort-Kommissare. Die Serie spielte in Duisburg, der erste Fall hieß Duisburg-Ruhrort. Dort gibt es heute eine Horst-Schimanski-Gasse, in welcher seit Sommer 2022 eine Schimanski Bronzebüste steht. Einige Schimanski-Fans kritisierten bei der Eröffnung eine zu geringe Ähnlichkeit mit dem Seriendarsteller.

Bildhauer: Carolin Höbing (*1985), Bronze, 2022
Standort: Horst-Schimanski.Gasse, Ruhrort

Lohmännken

Der Sage nach trieb das Lohmännken (Lohmännchen) im Waldstück Loh zwischen Haltern und Lavesum sein Unwesen. Nur ein Meter groß, setzte es Fußgänger in Angst und Schrecken, indem es plötzlich aus dem Gebüsch sprang, ihnen Böses hinterherrief und Drohungen ausstieß. Trotzdem wurde von der CDU-Senioren-Union Haltern eine vom holländischen Bildhauer te Kulve gestaltete Lohmänneken-Bronzefigur gestiftet und in der Fußgängerzone der Ruhrgebietsstadt Haltern am See aufgestellt.

Bildhauer: Jan Willem te Kulve (*1954), Bronze, 2001
Standort: Westliches Ende der Fußgängerzone Rekumer Str.

Tünnes und Schäl

Tünnes und Schäl sind zwei Figuren aus dem Kölner Puppentheater. Tünnes ist ein knollennasiger, einfacher und gutmütiger Typ. Der Frack tragende Schäl ist schlitzohrig und fast schon hinterhältig. Beide Figuren hat es als reale Personen nie gegeben, sie zeigen jedoch typische Eigenschaften der echten Kölner.

Bildhauer: Wolfgang Reuter (*1934), Bronze, 1974
Standort: Lintgasse 9

Herrman Gryn

Herrman Gryn ist ein Bürgermeister einer Kölner Sage, welche im Jahr 1262 spielt. Danach soll der Kölner Erzbischof Engelbert, mit welchem der Bürgermeister Gryn im Kampf um Bürgerrechte im Streit lag, einen Löwen besessen haben, der von den Domherren aufgezogen wurde. Nun luden die Domherren den Bürgermeister zu einem Mahl ein. Sie boten ihm an, sich den Löwen anzuschauen, den sie vorher extra hatten hungern lassen. Nach dem Öffnen der Tür des Löwenzwingers stießen die Domherren den Bürgermeister hinein. Der Bürgermeister stürzte sich mit seinem Schwert auf den zum Sprung ansetzenden Löwen und durchbohrte ihm das Herz. Als am nächsten Tag der spätere König Rudolph nach Köln kam und von den Vorgängen erfuhr, ließ er die Domherren aufhängen. 1594 wurde ein Relief zum Kampf mit dem Löwen am Rathaus angebracht (im 19. Jahrhundert durch eine Kopie ersetzt). Als ich das Ende November 2022 fotografieren wollte, fand sich vor dem Rathaus eine Baustelle. Deshalb hier nur ein kleines Foto aus einer Lücke im Bauzaun aufgenommen (Löwenkampf ganz unten).

Bildhauer: unbekannt, Sandstein, 1594
Standort: Fassade des Alten Rathauses

Heinzelmännchen

Der Kölner Verschönerungsverein stiftete anlässlich des 100. Geburtstags des Berliner Dichters August Kopisch (1799-1853) den Heinzelmännchenbrunnen unweit des Kölner Domes. Kopisch hatte die Heinzelmännchen mit einem Gedicht berühmt gemacht. Die Heinzelmännchen waren nach der Sage Kölner Hausgeister, die nachts, wenn alle schliefen, die Arbeit der Bürger verrichteten. Eines nachts wurden die fleißigen, Zipfelmützen tragenden Zwerge jedoch bei ihrer Arbeit beobachtet. Nachdem ihr Geheimnis entdeckt war, verschwanden sie, leider für immer.

Bildhauer: Edmund Renard (1830-1905) und Heinrich Renard (1868-1928), Sandstein, 1897-1900
Standort: Am Hof 12-14 (Gegenüber Brauhaus Früh)

Lippstadt

Simplicissimus

Der abenteuerliche Simplicius Simplicissimus ist ein 1668 erschienener Schelmenroman von Hans Jakob Christoffel von **Grimmelshausen** (1622-1676). Im Roman gerät Simplicius in einen Hinterhalt, wird verpflichtet, 6 Monate keine Waffen zu tragen und lässt sich in dieser Zeit in Lippstadt nieder. Dort leiht er vom Pfarrer viel Bücher aus und diskutiert über einen von ihm geschriebenen Roman. Der Pfarrer rät ihm, sein Leben dem Studium und nicht dem Krieg zu widmen, was bei Simplicius nicht auf fruchtbaren Boden fällt. Am vom Aachener Bildhauer Bonifatius Stirnberg geschaffenen Bürgerbrunnen am Marktplatz von Lippstadt gehört zu den 9 Figuren mit ihren beweglichen Gliedern auch eine Darstellung des Simplicissimus.

Bildhauer: Bonifatius Stirnberg (*1933), Bronze, 1988
Standort: Marktplatz

Würselen-Bardenberg

Jeel Puet

Im Spätmittelalter verlief in Würselen-Bardenberg die Grenze zwischen dem Aachener und dem Jülicher Reich. Ein Bardenberger Bauer hatte einst Eier im Korb und als er die Grenze nach Jülich übertreten wollte, verlangte der Zöllner eine Abgabe. Der Bauer wies auf seine Mittellosigkeit hin, doch der Zöllner blieb stur. Aus Wut zerstampfte der Bauer die Eier mit seinen Füßen. Jeel Puet - Gelbe Füße - wurde so zu einer Symbolfigur Bardenbergs.

Bildhauer: Gerhard Hensen (*1960), Bronze, 1998
Standort: Ecke Heidestr. /Grindel (Bardenberg)

Minna Knallenfalls

Minna Knallenfalls ist eine Heldin einer 1870 erschienenen Mundartdichtung des Wuppertaler Schriftstellers und Malers Otto Hausmann (1837-1916). Sie lebte Mitte des 19. Jahrhunderts und kam aus einfachen Verhältnissen, ihr Vater war arbeitslos und Trinker. Als kesse Frau dargestellt, steht ihr Denkmal ohne Sockel mitten in der Fußgängerzone Wuppertal-Elberfelds. Die Großmutter des Dichters war Vorbild für die Figur. Heike Jesberger, eine Freundin der Bildhauerin, stand für die Plastik Modell.

Bildhauerin: Ulla Hees (1941-2012), Bronze, 1979
Standort: Alte Freiheit 5

5. Rheinland-Pfalz, Saarland

Koblenz

Marktfrau Ringelstein (mit Polizist)

Der **Marktfrau Ringelstein** riefen früher angeblich die Kinder zu *„Frau Ringelstein, Frau Ringelstein, doh, heft en gruße Hond sain Bein. Dä pinkelt an die Mann Spinat. Dat mischt dä Krom suh delikat".* Genauere biographische Daten zu ihr sind nicht bekannt, Ringelstein repräsentiert wohl allgemein die früheren Koblenzer Marktfrauen und wie sie von Polizisten geschützt werden.

Bildhauer: Fritz Berlin (1924-1997), Bronze, 1987
Standort: Münzplatz

Schängel

Schängel ist eine Bezeichnung für in Koblenz geborene Jungen. Schängel leitet sich von Jean ab (Koblenz gehörte 1794-1814 zu Frankreich), was die Koblenzer Schang aussprachen, aus dem sich der Diminutiv *Schängel* entwickelte. Als frecher Koblenzer Bub ist der Schängel zu Streichen aufgelegt. Die Brunnenfigur speit alle 3 Minuten einen Wasserstrahl, der Touristen und andere unvorbereitete Auswärtige immer wieder nass macht.

Bildhauer: Carl Burger (1875-1950), Bronze, 1940
Standort: Willi Hörter Platz

Schambes Klappergässer

Karl Eugen Schmidt (1866-1953) war ein Bad Kreuznacher Weltreisender, Reporter, Schriftsteller und Heimatdichter. Er schrieb unter anderem den Roman `Leben und Thaten des fürtrefflichen und gestrengen Hernn Schambes Klappergässer aus Kreuznach nach seinem Tode´. Ein **Schambes Klappergässer**-Denkmal wurde 1986 in der Bad Kreuznacher Altstadt an der Brücke unweit der Klappergasse aufgestellt.

Bildhauer: Bernhard Neurohr (1905-1986), Bronze, 1986
Standort: Alte Nahebrücke (kurz vor Beginn der Klappergasse)

6. Hessen

Fraa Rauscher

Fraa (Frau) **Rauscher** ist vermutlich ein nur fiktives Frankfurter Stadtoriginal. Angeblich lebte sie im 19. Jahrhundert in der Klappergass in Frankfurt-Sachsenhausen. An einem Sonntagnachmittag soll Frau Rauscher mit einer Beule am Kopf auf der Straße liegend angetroffen worden sein. Ein eifriger Polizist nahm den Fall akribisch auf und wollte ermitteln, ob die Beule durch ihren Ehemann oder durch den übermäßigen Konsum von Apfelwein und den damit einhergehenden Gleichgewichtsverlust verursacht worden war. Am Folgetag stand der Vorgang in der Zeitung, was zur allgemeinen Belustigung beigetragen haben soll.

Bildhauer: Georg Krämer (1906-1969)
Standort: Klappergasse (Sachsenhausen)

Die Frau Rauscher
aus de Klappergaß
die hot e Beul am Ei.
Ob's vom Rauscher,
ob's vom Alte kimmt,
des klärt die Polizei

Kriek die Kränk

Vor vielen Jahren soll ein Frankfurter Bürger eines Wintertages Offenbach besucht haben. Plötzlich wurde er von freilaufenden Hunden angegriffen. Er bückte sich nach einem Stein, um ihn nach den Hunden zu werfen, doch der war festgefroren. Da fluchte er *Krieh die Kränk, Offebach! Die Staa binne se aa, die Hunde lasse se laafe.* (Verdammtes Offenbach, die Steine binden sie an, die Hunde lassen sie laufen). Angesichts der Rivalität Frankfurt-Offenbach gibt es in Frankfurt bis heute den Ausdruck `Krieh die Kränk-Offenbach´.

Bildhauer: Bonifatius Stirnberg (*1933), Bronze, 1998
Standort: Frankfurter Straße (vor Apotheke zum Löwen)

7. Baden-Württemberg

Baden-Württemberg ist durchschnittlich mit Denkmälern für reale und auch für fiktive Figuren ausgestattet. Im badischen Landesteil sind diese etwas häufiger als in Württemberg. In der Landeshauptstadt Stuttgart fehlt es an Denkmälern für reale Originale. Dafür gibt es Denkmäler für fiktive Personen, so *Häberle& Pfleiderer* und den *Entaklemmer*. In der badischen Stadt Achern gibt es ein Denkmal für das lokale Original Bolian. Über diesen sind jedoch so wenige biographische Details überliefert, dass es sich auch um eine fiktive Person handeln könnte.

Dienstmann Bolian, Achern
Bildhauer: Walter Gerteis (1929-2017), Bronze, 1993
Standort: Bahnhofsvorplatz Achern

Knulp

Knulp ist ein Landstreicher und Protagonist einer Erzählung des in Calw geborenen Schriftstellers und Literaturnobelpreisträgers Hermann Hesse (1877-1962). Hesse schrieb die **drei Geschichten aus dem Leben Knulps** in den Jahren 1907 bis 1914. Die zu den **Gerbersau-Geschichten** gehörenden Erzählungen enden mit Knulps Krankheitstod und einem Dialog mit Gott. 2010 wurde in Calw vor der Sparkasse zur Einweihung des Sparkassenplatzes eine Knulp darstellende Bronzefigur aufgestellt.

Bildhauer: Friedhelm Zilly, Bronze, 2010
Standort: Sparkassenplatz, Haupteingang Sparkasse

Danuvius

Der Breg ist der längere der beiden Flüsse, welche in Donaueschingen zusammenfließen und dort die Donau bilden. Die Breg-Quelle gilt deshalb auch als Donauquelle. Um diesen Ort zu markieren, wurde im Jahre 2017 ein den Flussgott Danuvius darstellendes Bronzedenkmal des Furtwangener Bildhauers Wolfgang Eckert an der Quelle aufgestellt. Das Denkmal geht leicht ins Kitschige.

Bildhauer: Wolfgang Eckert (*1964), Bronze, 2017
Standort: Bregquelle Neuweg 11, Furtwangen

Das Käthchen von Heilbronn

Das **Käthchen von Heilbronn** ist ein historisches Ritterschauspiel von Heinrich von Kleist (1777-1811), welches in Württemberg spielt. Der Waffenschmied Theobald klagt darin den Grafen von Strahl an, weil dieser seine Tochter Katherine mit Hilfe von Magie entführt haben soll. Sie war dem Grafen jedoch freiwillig gefolgt, nachdem dieser seinen Harnisch beim Schmied hatte reparieren lassen. Dem Grafen wurde in einem weissagenden Traum eine Kaisertochter als Ehefrau versprochen. Er glaubt, dies wäre Kunigunde von Thurneck und befreit diese. Doch die ist nur an seinen Länderein interessiert und intrigiert gegen Käthchen. Später erkennt der Graf, dass das Käthchen eine uneheliche Kaisertochter ist, heiratet sie und nimmt den alten Schmied Theobald in seiner Burg auf. Dieter Läpples etwas abseits stehende Käthchen-Figur ist in Heilbronn umstritten und immer wieder Opfer von Vandalismus.

Bildhauer: Dieter Läpple (1938-2019), Bronze, 1965
Standort: Kirchbrunnenstraße

Konstanz

Imperia

Peter Lenk ist ein umstrittener Bildhauer, der oft die Grenzen des guten Geschmacks streift. Auch die Imperia in Konstanz war anfangs umstritten. Sie erinnert an das Konstanzer Konzil (1414-18) und zeigt eine leicht bekleidete Prostituierte, die in jeder Hand eine zwergenhafte nackte Figur trägt, einen Papst und einen König. Vom Aufreger hat sich die Statue, die sich in vier Minuten einmal um ihre Achse auf der Pegelmessstation im Hafen von Konstanz dreht, mittlerweile zum Touristenmagnet entwickelt.

Bildhauer: Peter Lenk (*1947), Beton, 1993
Standort: Hafeneinfahrt Konstanz

Nagold

Die wüste Urschel

Ursula, im Volksmund **Urschel** genannt war der Legende nach das einzige Kind des Grafen von Hohennagold. Von der Natur nicht gerade glücklich ausgestattet, wurde Urschel von ihren Eltern wegen ihres Aussehens verachtet und vom gemeinen Volk als **wüste Urschel** verspottet. Sie ertrug das still und nahm sich den Armen und Notleidenden der Stadt an. Oft ging sie vom Schlossberg zur Nagold hinab. Eines Tages fand man sie an dieser Wegstrecke tot unter einem Felsen. Wie sie zu Tode kam, blieb unklar, aber die Armen der Stadt trauerten noch lange um sie.

Bildhauer: Jakob Reich von Dornstetten, Sandstein, 1747
Standort: Marktstraße/Ecke Badgasse

Andres

Andres ist eine fiktive Alt-Offenburger Figur, die Ende des 19. Jahrhunderts erdacht wurde und sich kritisch und humorvoll mit aktuellen Lokalthemen auseinandersetzte. Später wurde als weiblicher Gegenpart noch die Alt-Offenburgerin **Veef** geschaffen. Seither persiflieren die beiden im lockeren Zwiegespräch die kleinen Marotten und Sünden der Offenburger. Als bekanntester Darsteller des Andres gilt der Druckereibesitzer Franz Josef Burda, der Vater des Begründers des Burda-Verlages. Zu seinen Ehren wurde 2006 in der Fußgängerzone eine lebensgroße Bronzestatue aufgestellt, welche ihn als Andres zeigt.

Bildhauer: Nikolai Tregor, Schweiz (*1946), Bronze, 2006
Standort: Malergasse

Der Entaklemmer

Ein **Entenklemmer** ist im Schwäbischen, wo man eh schon sparsam ist, ein geiziger Mensch. Da Enten ihre Eier in freier Wildbahn und nicht in einem Nest ablegen, betastet der Entenklemmer den Hinterteil des Vogels mit Daumen und Zeigefinger, um ein kommendes Ei zu erspüren. Ist eines in Erwartung, muss die Ente im Stall bleiben, bis das Ei gelegt ist. Der schwäbische Schriftsteller **Thaddäus Troll**, adaptierte Molières Stück **Der Geizige** unter dem Titel der **Entaklemmer** zu einem Lustspiel. Weil Troll im Stadtteil Bad Cannstatt lebte, gibt es dort einen nach ihm benannten Platz, auf welchem seit 1989 eine Entaklemmer Bronzestatue sitzt.

Bildhauer: Elke Krämer (1941-2020), Bronze, 1989
Standort: Thaddäus Troll-Platz, Bad Cannstatt

Häberle und Pfleiderer

Das Komikerduo **Häberle und Pfleiderer** wurden 1931 vom Stuttgarter Unterhaltungskünstler Willy Reichert (1896-1973) und vom Österreicher Charly Wimmer erschaffen und verkörpert. Aufgrund eines Motorradunfalls wurde Wimmer bald durch den Stuttgarter Oscar Heiler (1906-1995) ersetzt. Willy Reichert als Pfleiderer spielt dabei einen schlauen Schwaben, der oft das letzte Wort hat. Heiler spielt mit Häberle eine Figur mit Attitüde, die sich vornehm gibt und versucht, Pfleiderle zu belehren, oft in angestrengtem Hochdeutsch, während sich dieser jedoch als cleverer erweist.

Bildhauer: Rudolf Kurz (*1952), Bronze, 1994
Standort: Börsenplatz (Friedrichsbau)

8. Bayern

Bayern ist, außerhalb des Münchner Viktualienmarktes, nicht besonders gut ausgestattet mit Figuren zu Originalen. Jedoch gibt es einige Denkmäler zu fiktiven Figuren, vor allem in München. Bekannt ist zum Beispiel die Münchner Wappenfigur, das Münchner Kindl, welches auf der Spitze des Rathausturmes aber auch an der Rathausfassade zu sehen ist. Eigentlich war es ursprünglich ein Mönch. Von den Mönchen, die einst ein Kloster auf dem Stadtgebiet hatten, leitet sich in der Theorie auch der Name der bayerischen Landeshauptstadt ab. Im Laufe der Zeit wurde der Mönch in der Symboldarstellung der Stadt immer mehr verkindlicht, bis man beim Münchner Kindl angelangt war, das sich 1920 zusätzlich vom Jungen zum Mädchen wandelte.

Münchner Kindl, München
Standort: Rathausfassade

Bavaria

Bavaria ist die weibliche Symbolgestalt Bayerns. Bereits ab 1824 zeichnete Leo von Klenze an ersten Entwürfen der Allegoriefigur. Germanisiert und im Detail ausgearbeitet wurden die Entwürfe der Statue, die nun einen Eichenkranz trug und der ein bayerischer Löwe zur Seite gestellt wurde, vom Münchner Bildhauer Ludwig Schwanthaler. Interessanterweise wurde der Kopf der Bavaria aus der Bronze von Kanonen einer im griechischen Befreiungskrieg untergegangenen türkischen Flotte hergestellt. Diese Kanonen hatte der aus Bayern stammende griechische König Otto I., Sohn des für die Erbauung verantwortlichen Königs Ludwig I., heben lassen. Die Ruhmeshalle, vor der die Bavaria steht, war bei ihrer Einweihung noch nicht fertig gestellt.

Bildhauer: Ludwig Schwanthaler (1802-1848), Bronze, 1850
Standort: Theresienwiese

Goldschmied

In der heutigen Fußgängerzone Münchens stand 1481-1807 ein schöner Turm. An der Fassade des Herrenmodegeschäftes Hirmer erinnert ein Relief an das Gebäude. Unter dem Relief findet sich die Steinfigur eines Goldschmiedes. Der wohnte einst an dieser Ecke und bekam eines Tages den Auftrag eines Edelmannes, ein wertvolles Schmuckstück zu duplizieren. Der Goldschmied sperrte seine Werkstatt sorgfältig ab, um Diebstahl zu vermeiden. Es war jedoch Sommer und er öffnete oben, wo er das Schmuckstück liegen hatte ein Fenster. Als er von einer Mahlzeit in die Werkstatt zurückging, war das Schmuckstück verschwunden. Verzweifelt berichtete er dem Auftraggeber davon. Dieser traute der Sache nicht und brachte den Goldschmied vor Gericht. Weil die Türe nicht aufgebrochen war, ging das Gericht davon aus, dass der Goldschmied den Schmuck versteckt hatte und verurteilte ihn zum Tode. Als er zum Henkersplatz geführt wurde, meinte er, seine Unschuld käme, wohl zu spät, noch ans Licht. Später musste der Turm repariert werden und ein Handwerker sah eine diebische Elster aus dem Fenster fliegen. Er fand ihr Nest und darin lag das verschwundene Geschmeide des Goldschmiedes.

Bildhauer: Julius Seidler (1867-1936), Stein, 1914
Standort: Kaufingerstraße 28

Schmied von Kochel

Balthasar, der Schmied von Kochel, soll unter dem Motto *'Liaba bairisch steam, als kaiserlich verdeam'* 1705 den Aufstand der oberbayerischen Bauern gegen die österreichischen Besatzer angeführt haben. Die militärisch unerfahrenen, schlecht ausgerüsteten bayerischen Bauern verloren jedoch die Schlacht gegen die Österreicher ('Sendlinger Mordweihnacht').

Bildhauer: Karl Ebbinghaus (1872-1950), Steinsockel, Bronze, 1906-1911, **Standort**: Lindwurmstr./Ecke Plinganserstr.

Julia

Im Jahre 1974 feierte die Münchner Stadtsparkasse ihr 150jähriges Bestehen. Aus diesem Anlass schenkte die Partnerstadt Verona, Schauplatz der Shakespeare-Tragödie **Romeo- und Julia** (1597) der Stadt München zwei Repliken einer Julia-Statue, die 1972 vor dem Julia-Haus (Casa di Giulietta) in Verona aufgestellt worden war. Eine der beiden Statuen wurden vor dem Alten Rathaus platziert und ist seither ein beliebtes Touristenmotiv. Besucher scheinen an den glücksbringenden Effekt der Berührung der rechten Brust der Statue zu glauben,

Bildhauer: Nereo Constantini (1905-1969), Bronze, 1974
Standort: Münchner Freiheit

Monaco Franze (Helmut Fischer)

Der Münchner Schauspieler **Helmut Fischer** wurde vor allem durch die 1981-1983 ausgestrahlte Helmut-Dietl-Serie **Monaco Franze**- *der ewige Stenz* bekannt, in welcher er einen reiferen Hallodri und Vorstadt-Casanova spielte (*Geh Spatzl, schau wie i schau!*). In seinem geliebten Schwabing wurde an der Münchner Freiheit 1997 ein Denkmal für ihn aufgestellt. Im September 2022 gesellte sich dort noch ein Helmut Dietl-Denkmal hinzu.

Bildhauer: Nikolai Tregor, München (*1946), Bronze, 1997
Standort: Münchner Freiheit

De stoinerne Mo

D' Stoinerne Ma an der Stadtmauer in Augsburg ist eine erstaunlich unperfekte Kompositfigur für einen legendären Bäcker, der einst die belagerte Stadt rettete. Als der Stadt im Dreißigjährigen Krieg die Nahrungsmittel ausgingen, backte er nach der Legende Brot aus Sägemehl und warf es über die Stadtmauer. Die feindlichen Truppen dachten nun, Augsburg hätte noch genug zu essen, könnte noch lange standhalten und gaben die Belagerung auf.

Bildhauer: unbekannt, Stein, 18. Jahrhundert
Standort: Schwedenweg 7

Deggendorf

Die Knödelwerferin

Der Sage nach wurde Deggendorf einst vom Heer Ottokar von Böhmens belagert. Als ein Späher Ottokars die Stadtmauer erklimmen wollte, wurde er von einer Deggendorferin entdeckt und von ihr mit einem Knödel beworfen, so dass er die Stadtmauer hinunterfiel. Er berichtete nun, dass die Deggendorfer noch so viele Vorräte hätten, dass sie es sich erlauben konnten, mit Knödeln zu werfen. Und so brach Ottokar die Belagerung der Stadt ab. Nach dieser Sage werden die Deggendorfer auch **Knödelwerfer** genannt und am Marktplatz gibt es ein Restaurant `Zur Knödelwerferin´.

Bildhauer: Erika Einhellinger (*1941), Granit/Bronze, 1985, **Standort:** Schlachthausgasse

Pfarrkirchen

Europa

Europa, Tochter des phönizischen Königs Agenor, ist eine Gestalt der griechischen Mythologie. Zeus verliebte sich in sie und um dies seiner argwöhnische Gattin Hera nicht zu offenbaren, verwandelte er sich in einen Stier. Als Stier entführte er die am Strand spielende Europa und schwamm mit ihr auf dem Rücken zur Insel Kreta. Dort verwandelte er sich zurück. Einer Verheißung von Aphrodite folgend, wurde der entsprechende Erdteil nach Europa benannt. In Pfarrkirchen wurde um 2000 ein Skulpturenpark am Wall um die Stadt angelegt. Angesichts der bevorstehenden EU-Erweiterung war darunter eine Edelstahlplastik mit Stier und einer zierlichen Europa, auf einer Scheibe stehend, die die Flaggen der damaligen Mitgliedstaaten zeigt.

Bildhauer: Alois Demlehner (*1965), Edelstahl, 2001
Standort: Dr. Beyer-Str. (Grünzug um Altstadt)

9. Thüringen, Sachsen, Sachsen-Anhalt

In Ostdeutschland waren Denkmäler für fiktive Figuren zu DDR-Zeiten eher selten. Seit 1990 sind jedoch einige aufgestellt worden, zum Beispiel in Plauen die **Vater und Sohn**-Figuren nach **e.o. plauen**. In Erfurt, Sitz des Kinderkanals KI.KA, finden sich sogar 17 Figuren aus dem Kinderfernsehen. Es ist damit die ostdeutsche Hauptstadt der fiktiven Figuren. Tangermünde kann mit Grete Minde aufwarten, eine Romanfigur mit echtem historischem Hintergrund.

Vater und Sohn Figur (bemaltes Pappelholz) in Plauen

Bernd das Brot

Für den in Erfurt sitzenden Kinderkanal **KI.KA** wurde 2000 durch Thomas Krappweis die Figur **Bernd das Brot** geschaffen. Dieses hippelige, leicht missmutige und depressive Brot stellte eine Figur dar, welche auch Erwachsene ansprach. In Erfurt wurden insgesamt 17 Polyesterdenkmäler von Figuren des Kinderkanals aufgestellt, darunter auch Bernd.

Bildhauer: Frank Meyer, Thomas Lindner, Polyesterharz, 2007
Standort: Fischmarkt 19

Eulenspiegel

Till Eulenspiegel, nach der Überlieferung um 1290 im Raum Braunschweig geboren und um 1350 gestorben, ist der Held einer Schwank-Sammlung eines **unbekannten Autors**, welche erstmal im Jahr 1510 erschien. Der umherstreifende Schalk stellt sich dumm, ist aber in Wirklichkeit recht schlau und kann so seinen Mitmenschen Streiche stellen. Im Norden Deutschlands gibt es zahlreiche Eulenspiel-Denkmäler, das bekannteste findet sich in Mölln. Till Eulenspiegel narrte in einem der Schwänke mit einer Eselei die Professoren der Erfurter Universität, die allerdings zu seiner Zeit noch gar nicht gegründet war. Dennoch war dies Grund genug ein Eulenspiegeldenkmal in Erfurt aufzustellen.

Bildhauer: Anke Besser-Güth, Bronze, 2001
Standort: An der Stadtmünze 4-13

Vater und Sohn

Der Karikaturist Kurt Erich Ohser (1903-1944) wurde vor allem durch die unter dem Pseudonym e.o.plauen geschaffene Comicserie **Vater und Sohn** bekannt. Zwischen 1934 und 1937 brachte er es auf 185 Geschichten. In Plauen hatte Ohser seine Jugend verbracht und diese Stadt kümmert sich besonders um sein Vermächtnis. In Plauen gibt es ein Museum für den Karikaturisten, eine *Vater und Sohn*-Bronzestatue und von der Bahnhofstraße zur Innenstadt 15 weitere Vater und Sohn-Figuren aus bemaltem Pappelholz, welche von Firmen gestiftet wurden. Zudem gibt es an einer Lichtsignalanlage Vater und Sohn als Ampelmännchen.

Bildhauer: Erik Seidel (*1966), Bronze, 1995
Standort: Nobelstraße (vor dem Erich Ohser Haus)

Tangermünde

Grete Minde

Im September 1617 kam es zu einem verheerenden Stadtbrand in der stolzen Elbestadt Tangermünde. Der Brandstiftung verdächtigt wurde die verarmte Patriziertochter Margarete von Minden (1593-1619), besser bekannt als **Grete Minde**. Nach dem Tod ihres Vaters konnte sie ihre Erbansprüche nicht beweisen und ging leer aus. Ihr wurden deshalb Rachemotive unterstellt. Im März 1619 wurde sie zum Tod auf dem Scheiterhaufen verurteilt und hingerichtet. Historiker zweifeln jedoch ihre Schuld an. Theodor Fontane griff ihr Schicksal in der 1879 erschienenen Novelle Grete Minde auf.

Bildhauer: Lutz Gaede, Bronze, 2009
Standort: Kirchstraße (am Rathaus)

10. Europa

Denkmäler für fiktive Personen sind im Norden Europas häufiger als im Süden, im Westen häufiger als im Osten und in der Mitte häufiger als an Europas Rändern.

Manche Figuren sind stadtbezogen, z.B. Allegorien zu Städten oder Statuen für fiktive städtische Originale. Andere finden sich mehrfach in Regionen oder ganzen Landesteilen (Rolandstatuen oder Eulenspiegelstatuen in Norddeutschland). Figuren der griechischen Mythologie finden sich europaweit, darunter natürlich auch Europa selbst, von der es zum Beispiel in Hamburg eine Statue gibt. Auch populäre Romanfiguren wie Schwejk und Julia finden sich in mehreren Ländern.

10.1 Österreich

Der liebe Augustin

Der **liebe Augustin** ist ein fiktiver Bänkelsänger und Wiener Original. Ihm wurde eine Biografie angedichtet, nach welcher er 1643-1685 gelebt hat und ein Sackpfeifer namens Marx Augustin war. Während der Pest in Wien im Jahre 1679 heiterte der dem Alkohol zugeneigte Augustin die Bevölkerung auf. Einmal soll er seinen Rausch in der Gosse ausgeschlafen haben, wurde für tot befunden und zusammen mit Pestleichen in ein Massengrab geworfen. Am nächsten Tag spielte er inmitten der Leichen auf seinem Dudelsack auf und sang laut dazu, bis Retter ihn aus der Grube zogen. Später konnte er diese aufregende Geschichte als Bänkelsänger vortragen und davon leben. Als ich im November 2022 in Wien bin und den Augustinbrunnen mit Statue im 7. Bezirk besuchen möchte, fand sich dort wegen U-Bahnbaues nichts. Im 1. Bezirk entdecke ich jedoch ein Augustin-Relief am Fleischmarkt 11 an der Gastwirtschaft *Griechenbeisl*. Dort war der Bänkelsänger im 17. Jahrhundert regelmäßig aufgetreten.

10.2 Belgien

Belgien ist reich an Geschichte und hat auch etliche fiktive Figuren mit entsprechenden Denkmälern aufzuweisen. Am bekanntesten ist dabei das Manneken Pis in Brüssel.

Antwerpen

Silvius Brabo

Nach der Legende verlangte einst der Riese *Druon Antigon* am Ufer der Schelde Wegzoll von den vorbeifahrenden Schiffen. Konnte der Wegzoll nicht bezahlt werden, hackte er den Schiffern die rechte Hand ab. Der römische Soldat **Silvius Brabo** besiegte in einem Kampf den Riesen und hackte nun diesem die rechte Hand ab. Die Statue zeigt ihn, wie er die Hand wirft. Nach der Überlieferung soll sich der Name der Stadt von *Hand werfen* ableiten.

Bildhauer: Jef Lambeaux (1852-1908), Bronze, 1887
Standort: Grote Markt (vor dem Rathaus)

Manneken Pis

Manneken Pis ist eine nur 61 cm hohe Bronzestatue eines urinierenden Jungen an einem Brunnen in der Altstadt von Brüssel. Als eine Art Wahrzeichen von Brüssel wird die Figur, die zu bestimmten Anlässen gekleidet wird, von Touristen stark besucht. Der Legende nach soll der kleine Junge **Julianske** Vorbild gewesen sein. Er belauschte feindliche Belagerer und löschte durch Pinkeln gerade noch rechtzeitig eine brennende Lunte.

Das Original der heutigen Bronzefigur stammt aus dem Jahr 1619. Nach einem Diebstahl wurde bereits 1815 eine Kopie aufgestellt. Die Figur wurde seither immer wieder beschädigt. Die heutige Kopie stammt aus dem Jahre 1965. Eine ähnliche Figur steht im flämischen Geraardsbergen und auch in Duisburg gibt es eine Statue für einen urinierenden Knaben.

Bildhauer: Jérôme Duquesnoy, Bronze, 1619
Standort: Ecke Rue de l'Etuve/Rue des Grands Carmes

Jeanneke Pis

Als Pendant zum Manneken Pis, jedoch ohne jedwede historische Grundlage, wurde 1987 in einer Seitenstraße in der Altstadt von Brüssel **Jeanneke Pis** aufgestellt, die Figur eines urinierenden Mädchens.

Bildhauer: Denis Adrien Debouvrie, Bronze, 1985
Standort: Impasse de la Fidelité

Meerjungfrau (Meermin/Mermaid)

Eine Meerjungfrau ist ein Fabelwesen, ein Mischwesen aus Frau und Fisch. Die bekannteste Meerjungfrau der Literatur stammt vom dänischen Schriftsteller Hans Christian Andersen: *die kleine Meerjungfrau* (1837). Entsprechend findet sich die berühmteste Meerjungfrauenstatue (aufgestellt 1913) auch in Kopenhagen.
Aber auch im einst mondänen belgischen Nordseebad Ostende gibt es eine Meerjungfrauenstatue. Allerdings nicht am Meer, sondern am Rande eines Teiches in einem Park.

Bildhauer: Willy Kreitz (1903-1982), Bronze, 1959
Standort: Leopoldpark

Geraardsbergen

Manneken Pis

Nicht nur Brüssel, auch das flämische Geraardsbergen hat ein Manneken Pis, eine Brunnenstatue eines kleinen urinierenden Jungen. Die Idee eines solchen Standbildes entstand zuerst in Brüssel. Die mittlerweile im Stadtmuseum aufbewahrte Brunnenfigur in Geraardsbergen, am Rathausbrunnen befindet sich eine Kopie aus dem Jahre 1985, wurde jedoch bereits 1459 gegossen, während das noch vorhandene Brüsseler Exemplar aus dem Jahre 1619 stammt.

Bildhauer: Reinier I van Tienen, Bronze, 1459
Standort: Markt (Rathaus)

Poperinge

Meester Ghybe

Meester Ghybe ist eine fiktive volkstümliche Figur der belgischen Stadt Poperinge. Im Mittelalter war Westflandern ein führendes Zentrum der Tuchproduktion. Dabei kämpften die mächtigen Städte Brügge, Gent und Ypern um ihre Pfründe. Im Jahre 1324 wurde das Tuchproduktionsprivileg für Ypern bestätigt. Im nahe gelegenen Poperinge musste die Tuchproduktion eingestellt werden. Danach konzentrierte sich die Stadt auf die Bierproduktion. Meester Ghybe ist eine Art von Don Quichotte Poperinges. Er sitzt verkehrt auf einem Esel (Flandern), sein Name ist aus Buchstaben der drei Städte (Ghent, Ypern, Brügge) zusammengesetzt. Im Schoß hat er einen Stein, der für das eigensinnige Poperinge steht und auf den er eindrischt.

Bildhauer: Lucien de Gheus (1927-2013), Bronze, 2005
Standort: Vroonhof, Groote Markt

Houffalize (BE)

Pogge

Im Zweiten Weltkrieg wütete in den Ardennen eine letzte Schlacht zwischen den sich auf dem Rückzug befindenden Deutschen und den Alliierten. Etliche Orte wurden stark in Mitleidenschaft gezogen, während Brüssel gleichzeitig recht unversehrt durch den Krieg kam. Brüsseler Gemeinden beschlossen deshalb, den zerstörten Orten im Rahmen einer Partnerschaft zu helfen. Die große Brüsseler Gemeinde Schaerbeek suchte sich dabei mehrere Partnerorte aus. Einer davon war Houffalize. Dort gibt es noch heute eine Schaerbeek-Straße. Um die Verbindung beider Gemeinden zu unterstreichen, wurde in Houfallize zusätzlich eine Steinstatue der Schaerbeeker Folklorefigur Pogge, ein eigenartiger, aber liebenswürdiger Bauer, aufgestellt.

Bildhauer: Louis van Custem, Stein, 1952
Standort: rue de Schaerbeek

10.3 Niederlande

Die Niederlande sind ein Land, in welchem sogar in kleineren Städten zahlreiche Plastiken stehen. Häufig sind es abstrakte Motive, fiktive Figuren tauchen jedoch oft auch auf. Oft sind es kleine Jungen, die die Stadt repräsentieren.

Sittard (NL)

Zittesje Sjnaak

Zittesje Sjnaak (Sittardser Junge, Limburger Dialekt) ist ein frecher Sittarder Junge, der den Leuten den bloßen Hintern zeigt.

Bildhauer: Louis Wierts (*1944), Bronze, 1984
Standort: Voorstad 2

Pieke oet de Stokstraot

Pieke ist eine Romanfigur aus dem Buch **Sjengkse** des Maastrichter Volksschriftstellers **Ber Hollewijn** (1907-1978), welches das Leben im zentrumsnahen Stokstraßenquartier der Stadt beschreibt. In Maastricht ist **Pieke** in der Stokstraat zigarettenverkaufend mit dem Hund Maoke dargestellt.

Bildhauer: Nicolas van Ronkenstein, Bronze, 1996
Standort: Stokstraat

10.4 Frankreich

Paris

In Paris stehen insgesamt fünf **Freiheitsstatuen**. Die größte (11.5 m hoch, Bild rechts) findet sich auf einer Seine-Insel, östlich des Eiffelturmes. Sie wurde 1889 von in Paris lebenden Amerikanern der Stadt geschenkt und ist so ausgerichtet, dass sie in Richtung der New Yorker Freiheitsstatue schaut. Zur Weltausstellung 1900 schenkte der Bildhauer Frédéric Auguste-Bartholdi das Bronze-modell dem Musée du Luxembourg. Dieses wurde seit 1906 im Pariser Jardin du Luxembourg ausgestellt. 2012 wurde das Original aus konservatorischen Gründen durch eine Bronzekopie ersetzt.

Bildhauer: Frédéric Auguste-Bartholdi, Bronze, 1889
Standort: Ile aux cygnes (Seine) und Jardin du Luxembourg

Le Passe-Muraille

Le Passe-muraille ist eine fantastische Novelle des französischen Schriftstellers **Marcel Aymé** (1902-1967), welche 1941 erschien. Darin besitzt der Protagonist Dutilleul die Fähigkeit, einfach so durch Mauern gehen zu können. Die Handlung spielt im Pariser Montmartre-Viertel. Als er in einer Mauer der Rue Norvins stecken bleibt ist das Dutilleuls Ende. Der Schriftsteller Marcel Aymé wohnte einst am Ende dieser Straße, heute Place Marcel Aymé. Und dort findet sich eine Mauer mit der Passe Muraille-Figur. Gestaltet wurde sie vom französischen Schauspieler Jean Marais (1913-1998, u.a. durch seine Rolle als Fantomas bekannt), der auch als Bildhauer tätig war und ebenfalls in Montmartre wohnte.

Bildhauer: Jean Marais, Bronze, Entwurf 1967, realisiert 1989
Standort: Place Marcel Aymé (Montmartre)

10.5 Polen und Tschechien

Zu Zeiten des Kommunismus wurden in den ostmitteleuropäischen Ländern eher Denkmäler für sozialistische Größen aufgestellt, jedoch kaum Denkmäler für fiktive Figuren. Das hat sich seit der Wende geändert. Vor allem in Polen sind solche Plastiken zahlreicher geworden. Mittlerweile hat ihre Zahl auch in Tschechien zugenommen. Die tschechische literarische Figur Schwejk stand erst als Bronzedenkmal in Polen, bevor sie 2014 auch nach Tschechien kam (Dorf Putim). Bisher habe ich auf meinen Reisen durch Mitteleuropa noch wenig auf solche Figuren geachtet. Die Zahl der in diesem Kapitel gezeigten Figuren ist deshalb gering.

Schwejk-Denkmal in Putin (CZ)

Swiebodzin (PL)

Die mit Krone 36m hohe Christusstatue von Swiebodzin, welche auf einem 16 m hohen aufgeschütteten Hügel unweit einer Autobahn steht, war bis 2022 noch vor der Christus Erlöser-Statue von Rio de Janeiro (30 m) die höchste Christusstatue der Welt. Im April 2022 ging der Titel jedoch wieder an Brasilien, denn im Süden des Landes wurde die 37.5 m hohe Cristo-Protetor-Statue aufgestellt.

Architekt: Mirosław Kazimierz Patecki, Beton, 2010
Standort: Stadtrand von Swiebodzin

Putim (CZ)

Der brave Soldat Schwejk

Die Abenteuer des braven Soldaten Schwejk ist ein antimilitaristischer Schelmenroman des tschechischen Schriftstellers Jaroslav Hašek (1883-1923), welcher 1920-23 geschrieben wurde und durch den frühen Tod des Autors unvollendet blieb. Hašek war selbst Soldat im 1. Weltkrieg und zeichnet Schwejk als listig-witzigen Charakter, welcher im 1. Weltkrieg durch übertriebenen Gehorsam Missstände der österreichisch-ungarischen Armee aufzeigt. Während es in Osteuropa etwa zwei Dutzend Schwejk-Denkmäler gibt, viele davon in Russland und der Ukraine, hat Tschechien erst 2014 ein solches Denkmal bekommen, im kleinen Dorf Putim, wo manche Schwejk-Szenen spielen, und ein Schwejk-Film gedreht wurde.

Bildhauer: František Svátek (*1945), Bronze, 2014
Standort: An der Steinrücke, Dorfseite (Kamenny Most)

10.6 Armenien

Dilidschan

MIMINO

Mimino ist ein sowjetischer Film aus dem Jahre 1977, in welchem drei Freunde, ein Armenier, ein Russe und ein Georgier, allerlei Abenteuer erleben. Der Film feiert so auch die Freundschaft zwischen den sowjetischen Völkern. Eine entsprechende Plastik in Dilidschan hat einen ähnlichen Zweck. Die Mimino-Plastik in Dilidschan zeigt die drei sowjetischen Mimino-Schauspieler Frunzik Mkrtchyan (ein Armenier), Yevgeny Leonov (Russe) und Vakhtang Kikabidze (Georgier).

Bildhauer: Armenak Vardanyan (*1955), Bronze
Standort: M4/M8 Kreuzung

Eriwan

Mutter Armenien

Als auf einem Hügel über Eriwan im Jahre 1950 ein riesiges Sta-
lindenkmal eröffnet wurde (es war vom armenisch-stämmigen
Bildhauer Sergey Merkurov entworfen worden), ahnte der Architekt des Sockels Rafayel Israyelan (1908-1973) bereits, dass die
Statue nicht für alle Ewigkeit auf diesem ruhen würde. Er entwarf
den Sockel in der Kubatur einer dreischiffigen armenische Kirche,
ausgeführt in Basaltstein. Stalin starb im Jahre 1953 und im Früh-
jahr 1962 wurde die Stalinstatue abgebaut. An ihrer Stelle entstand
bis 1967 die von Arat Harutyunyan entworfene *Mutter Armenien*.

Bildhauer: Arat Harutyunyan (1928-1999), Basalt, Kupfer, 1967
Standort: Siegespark

11. USA

New York

Freiheitsstatue (Libertas)

Die Statue of Liberty, welche die römische Göttin der Freiheit *Libertas* darstellt, ist eine der wichtigsten und prägnantesten Sehenswürdigkeiten New Yorks. Die vom französischen Bildhauer Bartholdi geschaffene Monumentalstatue (Figur: 46 m, Gesamthöhe 93 m) war ein Geschenk Frankreichs an die USA. Sie begrüßte seit ihrer Einweihung im Jahre 1886 bereits unzählige Schiffe, die aus Europa in New York einliefen. In Paris steht eine Kopie der Statue, in kleinerem Maßstab.

Bildhauer: Frédéric Auguste-Bartholdi (1834-1904), Eisenfachwerk mit Kupferverkleidung, 1886, **Standort:** Liberty Island

Schlusswort

Ich hoffe, die kleine Sammlung von Denkmälern für fiktive Personen ist für die LeserInnen unterhaltsam und anregend. Über Hinweise zu weiteren interessanten Denkmälern würde ich mich freuen. Kommentare zur bestehenden Sammlung sind ebenfalls willkommen. Am besten an:
Richard.deiss@gmail.com

In Landau/Isar gesehen.

Zum Autor

Richard Deiss stammt aus Isny im Allgäu, studierte in den 1980er Jahren in München Geografie und arbeitete ab den 1990er Jahren als Verkehrsplaner und im Bereich der Statistik. Heute lebt er in Wuppertal und Berlin. Bei BoD hat er seit 2006 bereits 50 Titel publiziert, zuletzt neun Bücher zu von ihm besuchten Städten und 2 Wortspielbücher. Zurzeit arbeitet er an einer Buchreihe zu Gedenk- und Informationstafeln. Seine Bücher decken Themengebiete ab, zu denen es bisher wenige Veröffentlichungen gibt. Es ist ihm ein Anliegen, seine Leserschaft damit zu unterhalten, zu erstaunen und zu erheitern.

Quellennachweis:

Bilder: Richard Deiss

Texte: Informationen zu den Texten

Vanderkrogt, Denkmäler allgemein
https://statues.vanderkrogt.net/object.php?webpage=ST&record=debw138

Berlin, Märchenbrunnen
https://www.berlin.de/sehenswuerdigkeiten/3559814-3558930-maerchenbrunnen.html

Berlin, Sieben Schwaben-Denkmal
https://www.tagesspiegel.de/berlin/sieben-spiessgesellen-auf-dem-mittelstreifen-2257453.html

Berlin, Tanzende Berolina
https://bildhauerei-in-berlin.de/bildwerk/tanzende-berolina-10170/

Berlin, Karpfenjule
https://bildhauerei-in-berlin.de/bildwerk/karpfenjule-6896/

Hamburg, Hammonia
https://denkmalhamburg.de/hammonia-auf-der-brooksbruecke/

Eutin, Dumm Hans
https://www.myheimat.de/eutin/gedanken/in-eutin-dumm-hans-streckt-den-besuchern-offensichtlich-einen-finger-entgegen-d2126047.html

Bremen, Roland
https://www.bremen.de/tourismus/sehenswuerdigkeiten/bremer-roland

Bremen, Mann mit Einkaufswagen
https://weserreport.de/2022/04/bremen-bremen/panorama/bronzemann-bleibt/

Bodenwerder, Münchhausen
https://www.ndr.de/ratgeber/reise/weser_weserbergland/Bodenwerder-Zu-Besuch-bei-Muenchhausen,bodenwerder116.html

Hildesheim, Huckup
https://www.kulturium.de/Kulturatlas/Huckup-Hildesheim.php?object=tx,2364.1.1&ModID=9&FID=1878.43.1&NavID=2364.9&showtext=1

Göttingen, Gänseliesel
https://de.wikipedia.org/wiki/G%C3%A4nseliesel-Brunnen_(G%C3%B6ttingen)

Aachen, Wehrhafter Schmied
https://de.wikipedia.org/wiki/Wehrhafter_Schmied

Aachen, Bauersfrau und Teufel
http://www.lousberg-gesellschaft.de/der-lousberg/wie-der-lousberg-entstanden-ist-die-sage-vom-teufel-und-der-marktfrau/

Aachen, Türelüre Lißje
https://www.denkmalplatz.de/tuereluere-lissje-brunnen-in-aachen-2/

Düsseldorf, Schneider Wibbel
https://www.duesseldorf-entdecken.de/schneider-wibbel/

Düsseldorf, Giesserjunge
https://www.duesseldorf-entdecken.de/giesserjunge/

Detmold, Herrmannsdenkmal
https://www.hermannsdenkmal.de/

Duisburg, Schimanski
https://www.welt.de/regionales/nrw/article241255447/Skulptur-in-Duisburg-Denkmal-fuer-Schimanski.html

Köln, Tünnes und Schäl
https://www.koelntourismus.de/kunst-kultur/sehenswuerdigkeiten/detail/tuennes-und-schael-denkmal

Köln, Hermann Gryn
https://www.koeln-lese.de/streifzuege/sagen-und-maerchen/herr-gryn-und-der-loewe/

Köln, Heinzelmännchen
https://www.koeln-lese.de/streifzuege/sagen-und-maerchen/die-heinzelmaennchen-zu-koeln/

Lippstadt, Simplicissimus
https://www.lippstadt.de/fileadmin/user_upload/Bilder_Kultur_Tourismus/Tourismus/Prospekte_Download/Buergerbrunnen_Broschuere.pdf

Würselen-Bardenberg, Jeel Puet
https://www.heimatverein-bardenberg.de/seite/305285/baadeb%C3%A4rjer-jeel-puet.html

Wuppertaler Originale, Wuppertal
https://de.wikipedia.org/wiki/Liste_der_Wuppertaler_Originale

Koblenzer Originale

https://www.rund-um-koblenz.de/originale.html

Bad Kreuznach, Schambes Klappergässer

https://www.bad-kreuznach.de/politik-und-verwaltung/archiv-pressemitteilungen/jahresarchiv-2022/maerz-2022/schambes-klappergaesser-ist-endlich-wieder-da/

Frankfurt, Fraa Rauscher

https://de.wikipedia.org/wiki/Fraa_Rauscher

Offenbach, Krieh die Kränk

https://de.wikipedia.org/wiki/Krieh_die_Kr%C3%A4nk,_Offebach

Furtwangen, Danuvius

https://www.schwarzwaelder-bote.de/inhalt.furtwangen-flussgott-danuvius-wacht-ueber-quelle.6edd06c2-d00d-45c9-a374-395204ba352e.html

Konstanz, Imperia

https://www.bodensee.de/ausflugsziele/imperia-konstanz

Nagold, wüste Urschel

https://urschelstiftung.de/historie/

Häberle und Pfleiderer, Stuttgart

https://de.wikipedia.org/wiki/H%C3%A4berle_und_Pfleiderer

Entaklemmer, Stuttgart

https://www.stuttgarter-nachrichten.de/inhalt.spaziergang-in-bad-cannstatt-auf-thaddaeus-trolls-spuren.ba99f97f-bfca-47ee-9604-35ee86966433.html

München, Goldschmied

https://www.muenchenwiki.de/wiki/Sch%C3%B6ner_Turm#:~:text=Am%20Hirmer%2DHaus%20h%C3%A4ngt%20ein,Turm%20ein%20Goldschmied%20seine%20Werkstatt.

München, Schmied von Kochel

https://www.muenchenwiki.de/wiki/Schmied_von_Kochel

München, Bavaria

https://de.wikipedia.org/wiki/Bavaria

München, Julia

https://www.marienplatz-muenchen.de/bezaubernde-julia-statue/

München, Monaco Franze
https://de.wikipedia.org/wiki/Monaco_Franze_%E2%80%93_Der_ewige_Stenz

Augsburg, Stoinerne Mo
http://www.annett-klingner.de/news.php?news=26

Deggendorf, Knödelwerferin
https://www.deggendorf-pulsiert.de/sehenswuerdigkeiten/brunnen-die-knoedelwerferin/

Pfarrkirchen, Europa
https://www.kunst-niederbayern.de/alois-demlehner-europa-mit-stier.html

Plauen, Vater und Sohn
https://www.spitzenstadt.de/nachrichten-aus-plauen/plauen-begeistert-ueber-vater-sohn-figuren/

Erfurt, Bernd das Brot
http://www.erfurt-web.de/Bernd_das_Brot_KIKA

Tangermünde, Grete Minde
https://de.wikipedia.org/wiki/Margarete_von_Minden

Wien, lieber Augustin
https://de.wikipedia.org/wiki/Marx_Augustin

Antwerpen, Brabo
https://mhistories.hypotheses.org/792

Brüssel, Manneken Pis
https://bruessel.sehenswuerdigkeiten-online.de/sehenswuerdigkeiten/manneken_pis.html

Poperinge , Meester Ghybe
https://www.toerismepoperinge.be/de/statue-ghybe-1

Houffalize, Pogge
https://www.liberationroute.com/pois/810/the-statue-of-pogge

Putim, Braver Soldat Schwejk
https://svejkcentral.com/Sochy

New York, Freiheitsstatue
https://de.wikipedia.org/wiki/Freiheitsstatue

Weitere Bücher des Autors bei books on demand, www.bod.de

in der Reihe **Tausend Tafeln**

Hier war Goethe nie
77 wundersam-witzige Info- und Gedenktafeln, Norderstedt 2022

Stadt der Gedichte
77 Gedichttafeln in Städten, Norderstedt 2022

Seltsame Zunge
77 Tafeln mit Dialekttexten, Norderstedt 2022

City of poems
77 Gedichttafeln in fremden Sprachen, Norderstedt 2022

Zahlen bitte!
77 Infotafeln die zählen und Zahlen zeigen, Norderstedt 2022

Aalweber und Zitronenjette
77 städtische Originale und ihre Denkmäler, Norderstedt 2022

Baum der Besinnung und Splittereiche
77 Baumbegegnunen, Norderstedt 2023